AF601185

MINISTÈRE DE LA GUERRE.

INSTRUCTIONS

ADRESSÉES

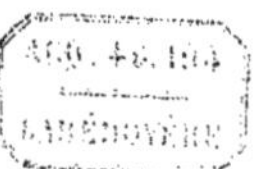

À MM. LES LIEUTENANS GÉNÉRAUX ET MARÉCHAUX-DE-CAMP

INSPECTEURS D'ARMES,

POUR L'EXÉCUTION DE LA LOI DU 10 MARS 1818,

SUR

LE RECRUTEMENT DE L'ARMÉE.

A PARIS,
DE L'IMPRIMERIE ROYALE.

1819.

MINISTÈRE

DE LA GUERRE.

RECRUTEMENT.

Paris, le 11 Juin 1819.

A MM. les Lieutenans généraux et Maréchaux-de-camp Inspecteurs d'armes.

MESSIEURS,

Dès l'origine de la mise à exécution de la loi du recrutement, il est entré dans ma pensée de chercher, dans les inspections annuelles qui vous sont confiées, le complément des moyens de succès que j'avais préparés. La part que vous pouvez y prendre est à-la-fois active et importante ; et mon but est aujourd'hui de vous donner une idée générale des principaux points sur lesquels je desire appeler votre utile concours.

Le premier essai de la loi du recrutement a produit d'heureux résultats. Le compte que j'ai eu l'honneur de mettre sous les yeux du ROI, et dont SA MAJESTÉ a voulu que la communication fût faite aux Chambres, a confirmé la bonne opinion que l'on avait déjà des avantages de la loi, et dissipé les doutes auxquels ses adversaires donnaient encore quelque crédit. Cependant tous les effets de cette nouvelle institution ne nous sont point connus ; un grand nombre reste encore à étudier, et vient s'offrir à votre expérience. La loi du recrutement présente dans son exécution deux buts bien distincts. Le premier consiste à appliquer en faveur de la population les exemptions, les dispenses et les réformes, de manière à faire libéralement la part des familles et des services publics. Le second doit tendre à former le contingent de sujets robustes, propres au métier des armes, et susceptibles de donner à la force publique une valeur effective sans laquelle elle deviendrait incapable de répondre à la mission qui lui est confiée, et ne serait plus qu'une charge inutile pour le royaume.

S'il reste quelque chose à faire sous le premier rapport, du moins les opérations que les Conseils de révision viennent d'exécuter, ont par-tout fourni la preuve que la population a docilement souffert l'action de la loi du recrutement ; qu'elle a compris ses avantages, apprécié ses différences avec la conscription, et senti que ce qu'elle pouvait avoir encore de rigoureux, était dû à la défense de l'État.

Mais la certitude que la loi du recrutement promet à nos légions un choix de bons soldats, une sorte d'élite militaire appelée à constituer une bonne et imposante armée, reste encore à acquérir. En effet, s'il fallait prêter l'oreille aux observations de quelques-uns de MM. les Chefs de corps, les engagemens volontaires ne donneraient trop souvent que de médiocres recrues ; les remplaçans auraient été fréquemment pris dans la portion suspecte de la population ; et de nombreuses réformes menaceraient d'atténuer les contingens produits par les derniers appels.

Une pareille crainte ne pouvait s'élever sous la conscription, qui rendait les départemens responsables de leur contingent pendant les six premiers mois de l'incorporation ; elle se réservait ainsi le droit de choisir dans l'ensemble des classes les sujets les plus forts et les plus vigoureux. Mais la loi du recrutement *a renoncé à cette trop sévère garantie : les décisions des Conseils de révision sont définitives, et cette considération ajoute à la nécessité de se former une idée nette et précise de l'espèce d'hommes que les levées de 1816 et 1817 ont fait entrer dans les cadres de l'armée. Les inspections qui vont s'ouvrir, vous offrent une occasion de m'éclairer à ce sujet. Les renseignemens que je puis en recueillir me permettront de juger plus sûrement du bon usage que les Conseils de révision ont dû faire de la latitude qui leur est laissée. Les inspections annuelles peuvent devenir, sous ce rapport, un utile moyen de surveillance et de contrôle. Leurs résultats, communiqués aux Conseils de révision, et ainsi successivement reportés à leur source, amèneront peut-être sans effort toutes les améliorations desirables.*

Les produits du recrutement doivent être inspectés par vous sous un autre point de vue non moins grave. Le soldat apporte aujourd'hui sous les drapeaux des droits légaux, inconnus sous le précédent régime militaire : ces droits doivent être scrupuleusement respectés ; non-seulement il importe de rendre une prompte justice aux militaires qui les revendiquent, mais il faut encore faire connaître ces droits à ceux qui les ignorent. La loi du recrutement et les instructions les ont soigneusement définis.

L'engagé volontaire, qui a fait choix du corps dans lequel il desirait servir, ne peut plus, dans un but même d'utilité, être envoyé sans son consentement à un autre corps : cette sure entraînerait la dissolution de l'acte d'engagement.

L'homme remplacé n'est responsable de la désertion de remplaçant que pour l'espace d'une année.

Le soldat n'est plus attaché à l'armée par des liens que longeait une volonté arbitraire. La loi du recrutement a a miné d'une manière irrévocable la durée de son service, les armes ou les intervalles marqués pour les rengagemens libération des hommes qui ont achevé leur temps de service, plusieurs points de vue extrêmement importans. Elle rassur population, en lui prouvant que, sous aucun prétexte, les hon ne sont retenus malgré eux sous les drapeaux au-delà du t fixé par la loi. Elle occasionne périodiquement dans l'armée diminution qu'il importe de calculer à l'avance, afin de quelles ressources doivent être employées chaque année pou réparer. Enfin, les hommes qui ne veulent pas profiter des a tages offerts par la loi à ceux qui contractent des rengagem retournent dans leurs foyers ; mais ils restent assujettis pour années au service territorial des vétérans.

Ainsi les soldats enlevés à l'armée active viennent for derrière elle une réserve qui peut, au besoin, être appelée défense de la patrie ; et la liste des hommes libérés est le mier élément, la base la plus certaine des contrôles sur lesq les vétérans doivent être inscrits.

Vous êtes appelés, Messieurs, à juger les droits indivia des hommes, que la loi a tellement garantis qu'elle a pron des peines sévères contre tous ceux qui, sous un prétexte q conque, donneraient à ses dispositions une extension abus et prolongeraient le temps de service des appelés ou des eng volontaires. Vous avez en même temps à me faire connaître de combien ces libérations doivent diminuer la force de l'armée et augmenter le nombre des vétérans.

Je vous adresse une instruction où sont développés les divers objets sur lesquels doit se fixer votre attention ; et, pour vous montrer comment les détails s'en rattachent à des vues générales, je crois devoir récapituler ici les principales obligations que vous aurez à remplir, les principaux résultats que j'attends de vos travaux.

Vous devrez, 1.° examiner les soldats provenant des appels, soit qu'ils aient devancé ou attendu la mise en activité ; juger si les Conseils de révision ont usé, dans l'intérêt de l'armée, de la latitude que la loi leur attribue ; distinguer soigneusement les hommes à réformer pour infirmités existantes avant leur incorporation, de ceux qui les auraient contractées depuis ; ne pas réformer légèrement les hommes qu'on présenterait à votre examen, et vous refuser, s'il le faut, à cet égard, aux prétentions quelquefois exagérées des corps ; m'indiquer le nombre d'hommes qui n'ont pas rejoint, ou qui ont déserté après l'incorporation ; me faire connaître, s'il est possible, les causes de la désertion et les moyens d'y remédier ; enfin, me transmettre toutes les observations propres à m'éclairer sur les dispositions militaires des hommes appelés à faire partie de l'armée, sur leur espèce, leur taille, &c. ;

2.° Porter à l'examen des remplaçans reçus par les Conseils de révision, une attention scrupuleuse ; voir si l'on a exactement rempli les conditions prescrites par la loi, et s'ils offrent quelques garanties qu'on peut en attendre un bon service ;

3.° Ordonner qu'on vous présente séparément les engagés

volontaires, pour juger s'ils sont propres aux armes qu'ils choisies; faire, s'ils sont incapables d'y servir, annuller le engagemens; les déterminer, s'il est possible, à passer dans armes auxquelles ils sont propres, mais ne point les y contraina et respecter toujours leurs engagemens;

4.° Examiner les remplaçans admis par les Conseils d'a ministration des corps sur mon autorisation; vérifier si tou les conditions prescrites par mes instructions ont été exigées, leur admission n'a été déterminée par aucun intérêt particul et n'a eu pour motif que le bien du service ou la situation hommes qui avaient réclamé leur remplacement; m'indiquer abus et ceux qui les auraient commis; enfin me mettre à por de connaître si le nombre des remplaçans est hors de proport avec l'effectif des corps;

5.° Faire, sur les hommes rengagés en 1818, des obser tions semblables à celles qui vous sont demandées pour les enga volontaires et les remplaçans;

6.° Constater les droits que tous les hommes actuellem existans dans les corps ont à la libération, non-seulem pour cette année, mais encore pour les années suivantes; consulter sur l'origine des services de ceux dont la position ser encore incertaine, et indiquer aux corps les moyens de me fa connaître à l'avance et les pertes que la libération doit occ sionner chaque année, et les chances qu'elle offre pour accroî le nombre des vétérans;

7.° Recevoir les déclarations de rengagemens, conformém à l'instruction du 3 décembre 1818; les favoriser, de mani toutefois qu'ils ne soient, autant que possible, contrac que par des sujets vraiment utiles aux corps: les encourag sur-tout dans les armes spéciales, et y déterminer les soldats qui voudraient passer dans la Garde royale et qui mériteraient d'y être admis ;

8.° Vous faire représenter le registre-matricule n.° 2, relatif aux jeunes soldats non incorporés ; examiner s'il est tenu avec soin, si les mutations y sont inscrites exactement, et si la surveillance dont MM. les Sous-intendans militaires sont chargés à cet égard, est aussi efficace qu'elle doit l'être ;

9.° Vérifier si les corps font l'envoi régulier des comptes que je leur ai demandés ; prescrire la plus grande exactitude dans la rédaction de ces comptes, et recommander une surveillance rigoureuse à cet égard ;

10.° Signer les congés de réforme pour les hommes qui, devenus infirmes après la clôture de la liste du contingent, auraient reçu des Sous-intendans militaires, des certificats provisoires de réforme, en vertu de décisions prononcées par les Conseils de révision ; me faire connaître si quelques-unes de ces réformes, qui ne doivent porter, dans chaque département, que sur un très-petit nombre d'hommes, n'ont pas été trop légèrement accordées ;

11.° Enfin me donner une situation exacte de l'effectif des corps, des pertes et des gains qu'ils ont pu faire depuis le commencement de l'année, et m'indiquer les mesures qu'il paraîtrait convenable de prendre, afin de les porter au complet indiqué par ma circulaire du 20 avril dernier.

Tels sont, Messieurs, les divers objets sur lesquels j'appelle particulièrement votre attention. Je n'ajouterai rien aux considérations que je viens de vous développer pour vous faire aper-

cevoir que le but de la loi du recrutement serait manqué les résultats de son exécution ne produisaient pas une arm fortement organisée ; ce point indispensable à obtenir vo paraîtra sans doute mériter toute votre attention et tous v soins.

J'ai l'honneur d'être, avec une considération très-distingué Messieurs, votre très-humble et très-obéissant serviteur.

Le Ministre Secrétaire d'état au département de la guerr

Signé GOUVION SAINT-CYR.

Pour ampliation :

L'Intendant militaire, Maître des requêtes, Secrétai général du Ministère de la guerre,

CASSAING.

INSTRUCTION

POUR

MM. LES LIEUTENANS GÉNÉRAUX ET MARÉCHAUX-DE-CAMP

INSPECTEURS D'ARMES,

EN CE QUI CONCERNE LE RECRUTEMENT.

TABLE

DES CHAPITRES DE L'INSTRUCTION.

INSTRUCTION

Pour MM. les Lieutenans généraux et Maréchaux-de-camp Inspecteurs d'armes, en ce qui concerne le Recrutement.

CHAPITRE I.er

Examen des Hommes.

SECTION I.re

Hommes provenant des appels.

ARTICLE PREMIER.

LE Maréchal-de-camp inspecteur se fera présenter séparément, pour chacune des deux classes de 1816 et 1817, les hommes provenant des appels, soit que ces hommes aient rejoint les corps comme ayant demandé à devancer la mise en activité, soit qu'ils aient attendu cette mise en activité pour se faire incorporer.

Il vérifiera la taille et l'espèce de chaque homme, et ses

qualités relatives au service de l'arme dans laquelle il est placé.

ART. 2.

Il portera une attention particulière à l'examen des hommes qui ont été admis comme remplaçans par les Conseils de révision.

Il s'assurera du nombre de ceux qui sont mariés.

ART. 3.

Si quelques-uns des hommes dont il est question dans les articles précédens, lui sont proposés pour la réforme, à raison d'infirmités ou de défaut de taille, il se conformera aux instructions générales, pour tout ce qui concerne leur examen, leur réforme, et la confection des états à envoyer au Ministre.

Il comprendra, en outre, ces hommes sur l'état *modèle n.° 1, au chap. 1.er* (1).

Dans les réformes qu'il aura à prononcer d'après les réglemens, il ne perdra pas de vue que l'armée sera diminuée d'autant d'hommes qu'il en réformera, puisqu'on ne peut, dans aucun cas, faire d'appel supplémentaire sur les départemens, et que les remplacés ne sont responsables de leurs remplaçans qu'en cas de désertion pendant la première année.

(1) Il est à remarquer que dans l'état n.° 1.er doivent être inscrits tous les hommes, provenant des divers moyens de recrutement, qui sont proposés pour la réforme, soit qu'ils aient été *appelés* en vertu de la loi, ou qu'ils soient *engagés volontaires, remplaçans reçus au corps, ou rengagés* ; c'est pour cela que le modèle est divisé en quatre différens chapitres.

Il distinguera avec soin ceux dont les infirmités étaient antérieures à leur incorporation, de ceux qui les ont contractées depuis, afin que l'on puisse juger ceux qui auraient pu être mal à propos admis par les Conseils de révision.

L'époque où les infirmités ont été contractées sera également mentionnée sur les congés de réforme qui seront délivrés aux hommes.

ART. 4.

Les hommes qui, ayant devancé l'activité pour s'engager dans une arme de choix, seraient reconnus n'être pas propres au service de cette arme, mais qui pourraient servir dans une autre, seront proposés pour y être envoyés et compris à ce titre dans l'état général que le Maréchal-de-camp inspecteur enverra (Bureau de l'arme), afin que le Ministre puisse ordonner les passages qu'il jugera convenable. Il fera, en outre, dresser pour le recrutement un état particulier conforme au *modèle n.° 2* (1), où ces hommes seront inscrits au *chapitre 1.er*

ART. 5.

Ceux de ces hommes qui auraient devancé la mise en activité, quoiqu'ils n'appartiennent pas à la portion du contingent non encore appelée à l'activité, ne pourraient être contraints à rejoindre d'autres corps.

---

(1) Cet état devra comprendre tous ceux des hommes provenant du recrutement qui sont proposés pour passer à d'autres corps, sauf les engagés volontaires, et les hommes rengagés, qui ne peuvent passer d'un corps à un autre sans contracter volontairement de nouveaux engagemens : il est en conséqueuce divisé en deux chapitres, *Appelés* et *Remplaçans admis par les corps.*

Si quelques-uns de ces hommes refusaient de passer dans l'arme à laquelle ils sont reconnus propres, le Sous-intendant militaire chargé de la police du corps enverrait à celui du département où l'homme aurait été appelé, un bulletin contenant ses nom, prénoms et son numéro sur le registre-matricule n.° 2, et ce Sous-intendant lui ferait connaître en réponse, si l'homme est réellement compris dans la partie du contingent non encore appelée.

Si cette réponse était affirmative, et que les hommes ne voulussent pas consentir au changement de corps, il leur serait délivré un certificat du Conseil d'administration, visé du Sous-intendant militaire et de l'Inspecteur général, ou, à son défaut, du Lieutenant général commandant la division, portant qu'ils peuvent rester dans leurs foyers jusqu'à la mise en activité de la portion du contingent dont ils font partie.

Le Maréchal-de-camp n'en porterait pas moins ces réclamans dans l'état *modèle n.° 2*, en y faisant mention de leurs réclamations.

SECTION II.

Engagés volontaires.

Art. 6.

Le Maréchal-de-camp inspecteur se fera représenter séparément tous les engagés volontaires reçus depuis la dernière inspection : il les examinera de la manière indiquée à l'article 1.er pour les hommes provenant des appels.

Art. 7.

Il suivra, pour la réforme des engagés volontaires incapables de servir, le mode indiqué par les instructions générales, et comprendra ceux dont la réforme est proposée dans l'état *modèle n.º 1, chapitre 2.* Il leur fera délivrer les pièces prescrites par l'article 22 de l'instruction du 20 mai 1818, afin qu'ils puissent retourner dans leurs foyers, et que leurs engagemens soient annullés conformément audit article.

Si ces hommes font partie de classes non encore appelées, il sera expressément mentionné dans la décision de l'Inspecteur général, qu'ils sont susceptibles d'être compris dans le tirage des classes auxquelles ils appartiennent, et d'être examinés de nouveau par les Conseils de révision, sans qu'ils puissent être exemptés pour le fait de l'annullation de leur engagement.

Art. 8.

Les engagés volontaires qui ne seraient pas susceptibles de servir dans l'arme dont ils ont fait choix, ne pourront être contraints de s'engager dans un autre corps.

Si cependant ils consentaient à prendre parti dans les légions ou dans les autres corps où ils seraient aptes à servir, le Maréchal-de-camp inspecteur les préviendra qu'ils peuvent contracter, devant les autorités civiles, un nouvel engagement, et leur fera donner toutes les facilités nécessaires à cet égard. Il ne leur en remettra pas moins les pièces indiquées par l'article 22 de l'instruction du 20 mai 1818.

Pour les engagés qui feraient partie d'une des classes appelées, ils seront conservés provisoirement au corps, et le Sous-intendant chargé de la police de ce corps fera passer à celui du domicile de l'engagé ses nom, prénoms, &c. : ce Sous-intendant fera connaître, en réponse, si l'homme a été compris dans la liste du contingent, et si l'ordre des désignations pour l'activité a atteint son numéro. Dans ce dernier cas, l'engagé devra être dirigé, en sa qualité de jeune soldat, sur la légion de son département, ou sur toute autre légion ou corps pour lequel il aurait été jugé propre par l'Inspecteur général. On aura égard au choix de l'homme, conformément à l'article 192 de l'instruction sur les appels, autant que le bien du service le permettra; et s'il passe dans une arme spéciale, on lui fera contracter le rengagement prescrit par l'article 179 de ladite instruction.

S'il résulte de la réponse qu'il n'a pas été compris dans la liste du contingent, et s'il ne veut pas servir dans un autre corps, il sera renvoyé dans ses foyers, ainsi qu'il est dit ci-dessus.

Tous les engagés volontaires jugés incapables de rester dans le corps où ils servaient, seront portés, comme proposés pour la réforme, dans l'état *modèle n.° 1, au chapitre 2,* sauf à indiquer par une observation sommaire les hommes qui auraient contracté de nouveaux engagemens, et ceux qui seraient compris dans les classes appelées.

Art. 9.

S'il se trouvait des hommes qui n'eussent pas l'âge

prescrit, ou qui fussent dans un des cas d'exclusion prononcés par la loi, le Maréchal-de-camp en rendra compte au Ministre.

ART. 10.

Si quelques-uns des engagés admis étaient évidemment impropres au service, par défaut de taille ou infirmités antérieures à l'engagement, le Maréchal-de-camp inspecteur indiquera cet abus au Ministre, par des notes mises en marge de *l'état n.° 1.*

SECTION III.

Remplaçans admis par les Conseils d'administration des corps.

ART. 11.

Le Maréchal-de-camp inspecteur se fera présenter séparément les remplaçans admis par les Conseils d'administration des corps, sur l'autorisation du Ministre, et les examinera de la manière prescrite à l'article 1.er

Il vérifiera s'ils n'ont pas au-delà de l'âge de vingt-six ans, prescrit par l'article 2 de l'instruction du 3 décembre 1818, et s'ils réunissent les autres conditions exigées par cette instruction.

ART. 12.

S'ils s'en trouvait qui fussent dans le cas d'être réformés pour infirmités ou défaut de taille, le Sous-intendant militaire dressera le procès-verbal de radiation des contrôles, prescrit par l'article 15 de l'instruction du 3 décembre 1818, pour constater les motifs d'après lesquels la réforme aura été prononcée.

Ce procès-verbal fera connaître si l'inaptitude des hommes provient de causes antérieures ou postérieures à cette admission, et, dans le premier cas, à qui cette admission doit être attribuée ; il sera adressé au Ministre par les soins du Maréchal-de-camp inspecteur, et les hommes y compris seront également portés par lui dans l'état *modèle n.° 1.er, au chapitre 3.*

L'Inspecteur remarquera que si les remplaçans sont réformés, les remplacés ne sont point responsables; cependant, s'il y avait eu quelque fraude, ou que le remplaçant n'eût pas été admis dans les formes prescrites par l'instruction du 3 décembre 1818, il en sera fait mention au procès-verbal, afin qu'il puisse être statué ce que de droit.

ART. 13.

Le remplaçant que l'Inspecteur général aura jugé impropre au service, sera renvoyé dans ses foyers; et, conformément à l'instruction du 3 décembre (art. 15 et 16), il lui sera remis, 1.° une copie de la décision de l'Inspecteur général, laquelle sera écrite au dos de l'expédition de l'acte de remplacement;

2.° Une feuille de route portant indemnité de 15 centimes par lieue jusqu'à sa destination.

SECTION IV.

Hommes rengagés.

ART. 14.

Le Maréchal-de-camp inspecteur examinera, séparément et de la manière indiquée à l'article 1.er, les hommes qui ont contracté des rengagemens lors de la libération opérée à la fin de 1818.

Il ne devrait y avoir lieu à réformer aucun de ces hommes, qui n'ont dû être admis que sur le certificat d'aptitude délivré par le Conseil d'administration de leur corps.

Si cependant il s'en trouvait quelques-uns dans ce cas, M. le Maréchal-de-camp inspecteur les inscrirait sur l'état *modèle n.° 1, au chapitre 4*, avec ses observations.

ART. 15.

Les hommes rengagés ne pourront pas être contraints à passer dans d'autres corps que ceux pour lesquels ils auront contracté leur rengagement : s'ils étaient jugés impropres au service de l'arme, ils seraient libérés de droit, et devraient recevoir, en conséquence, un congé : s'ils consentaient librement à passer dans une autre arme, on leur ferait contracter, pour le corps auquel ils seraient destinés, un nouveau rengagement, d'après les formes prescrites par les articles 44 et 45 de l'instruction du 3 décembre 1818.

Le Maréchal-de-camp inspecteur les porterait alors sur l'état *modèle n.° 1*, comme réformés, en indiquant toutefois qu'ils ont contracté de nouveaux rengagemens.

SECTION V.

Envoi des États. — Revues définitives.

ART. 16.

Le Maréchal-de-camp inspecteur enverra de suite au Ministre (recrutement) les états *modèles n.os 1 et 2*.

Ces états seront compris de nouveau, par le Lieutenant général inspecteur général, dans les états *modèles n.ºs 1 et 2* annexés à son livret, avec les additions et les modifications qu'il aura jugé convenable d'y faire, et de manière que son travail présente l'ensemble des opérations.

ART. 17.

Les Lieutenans généraux et Maréchaux-de-camp chargés de passer les revues des portions détachées des corps dont la portion principale ne fait pas partie de leur arrondissement, devront en transmettre les résultats aux Lieutenans généraux inspecteurs dans l'arrondissement desquels ces portions principales se trouvent, afin qu'au moyen de ces travaux réunis, chaque Inspecteur général puisse établir la revue d'ensemble des corps dont l'inspection lui est confiée.

CHAPITRE II.

Résumés généraux à adresser au Ministre.

ART. 18.

Après avoir fait toutes les opérations relatives aux réformes, le Maréchal-de-camp inspecteur fera préparer sous ses yeux les résumés généraux relatifs aux divers résultats du recrutement.

A cet effet, pour ce qui concerne les appelés, il constatera d'abord le nombre d'hommes annoncés aux corps pour chacun des contingens de 1816 ou 1817, et ensuite celui des hommes qui n'auront pas encore rejoint.

Il fera annoter séparément parmi ces derniers, le nombre

de ceux qui ont été autorisés par le Ministre à rester dans leurs foyers ou à servir dans d'autres corps.

Il s'assurera du nombre d'hommes morts, désertés, passés à d'autres corps, &c.

Il établira enfin le nombre d'hommes qui, d'après son propre travail, devront quitter le corps.

ART. 19.

Il recueillera les mêmes renseignemens pour les engagés volontaires, les remplaçans admis dans les corps et les hommes rengagés; et, au moyen de tous ces renseignemens réunis, il fera remplir les colonnes de l'état *modèle n.° 3*.

ART. 20.

A la suite de cet état, le Maréchal-de-camp inspecteur inscrira les observations générales qu'il aura faites sur l'espèce des hommes et sur leurs dispositions pour le service militaire.

Si le nombre des retardataires ou celui des déserteurs a été considérable, il en cherchera les causes, et les fera connaître, en indiquant, s'il est possible, les moyens d'y remédier.

Il consignera dans ces notes des observations spéciales sur les remplaçans admis par les Conseils de révision des départemens, fera connaître quelle influence leur nombre et leur esprit peuvent avoir sur la composition des corps, et si la proportion des remplaçans mariés n'est pas trop considérable.

Il y inscrira également son opinion sur les remplaçans

admis par les Conseils d'administration des corps ; et s'il remarque qu'on les ait reçus trop facilement ou d'après des motifs étrangers au bien du service, il indiquera cet abus, et donnera son avis sur la convenance qu'il y aurait pour l'avenir à autoriser ou à restreindre les remplacemens demandés pour les corps.

ART. 21.

Le Maréchal-de-camp inspecteur conservera son travail par-devers lui, et le remettra, lors de la revue définitive, à l'Inspecteur général, qui en vérifiera par lui-même les divers articles, examinera sur le terrain, et sous les rapports indiqués ci-dessus, les hommes existant au corps, se fera représenter les documens d'après lesquels on aura procédé pour les absens, rectifiera l'état d'après les mutations qui auront eu lieu d'après le travail du Maréchal-de-camp, y ajoutera le résultat de ses opérations, et enfin l'arrêtera; et remplira en conséquence *le modèle n.° 3* du livret ci-joint.

Quant aux observations générales dont il est question à l'article précédent, le Lieutenant général les consignera, ainsi que celles qu'il aura faites lui-même, dans le modèle de rapport au Ministre, mis en tête du livret.

CHAPITRE III.

De la Libération.

ART. 22.

Pour les demandes relatives à la libération, MM. les

Lieutenans généraux et Maréchaux-de-camp inspecteurs se conformeront aux articles 17 et suivans de l'instruction du 3 décembre 1818, et ils en arrêteront le travail, qui ne pourra du reste être terminé définitivement qu'à la fin de l'année.

Ils veilleront à ce que les corps envoient au Ministre l'état relatif au nombre d'hommes à libérer à cette époque, qui leur est demandé par l'article 49 de l'instruction du 3 décembre 1818.

Art. 23.

Le Maréchal-de-camp inspecteur se fera représenter à son arrivée les registres-matricules, pour constater si l'origine des services de tous les hommes, et par conséquent l'époque où ils auront droit à la libération, s'y trouve établie ; il s'informera si l'on a complétement exécuté la circulaire du 7 novembre 1818, d'après laquelle les Conseils d'administration devaient faire dresser un état des hommes sur la position desquels il restait encore quelque incertitude; l'envoyer au Ministre pour recevoir de lui les renseignemens que ses bureaux pourraient leur fournir ; soumettre, en cas d'insuffisance de ces renseignemens, les services en litige au Lieutenant général commandant la division qui, en l'absence de l'Inspecteur général, devait décider en dernier ressort; enfin, faire inscrire sur les registres-matricules les résultats des réponses du Ministre, ou des décisions du Lieutenant général.

Dans le cas où, malgré les mesures prescrites ci-dessus, la position de quelques hommes ne serait pas encore fixée, le Maréchal-de-camp inspecteur en fera dresser un état *modèle n.° 7*, et l'adressera au Ministre.

Les renseignemens fournis par le ministère de la guerre, seront portés au registre-matricule ; et si ces renseignemens laissaient encore des doutes, l'Inspecteur général, ou, à son défaut, le Lieutenant général commandant la division militaire, fixera lui-même l'origine des services, et en ordonnera l'inscription ; de manière qu'au 1.er janvier prochain il n'y ait plus un seul homme dans l'armée dont l'époque de libération ne soit pas positivement fixée.

ART. 24.

Le Maréchal-de-camp inspecteur fera dresser un état *modèle n.° 4*, où sera indiquée l'époque de la libération de tous les hommes actuellement présens au corps.

Il s'efforcera de rattacher à chacune de ces époques les hommes dont la position est encore incertaine, mais qui seraient présumés devoir être libérés dans une des années indiquées, et il fera un article séparé pour ceux sur la durée des services desquels on n'aurait aucune donnée.

ART. 25.

Le Maréchal-de-camp inspecteur remettra l'état dont il s'agit au Lieutenant général, et lui fera part de ses observations relatives à la libération ; celui-ci les consignera, aussi bien que celles qu'il aurait pu faire lui-même, dans son rapport au Ministre, et remplira dans le livret, l'état *modèle n.° 4* indiquant le nombre d'hommes qui doivent être libérés tant à la fin de cette année, que dans les années suivantes.

CHAPITRE IV.

Des Rengagemens.

ART. 26.

Les Lieutenans généraux et Maréchaux-de-camp inspecteurs se conformeront, pour tout ce qui regarde les demandes de rengagemens, à l'instruction du 3 décembre 1818, art. 33 et suivans; ils recevront, conformément à ces articles, les déclarations des militaires, examineront s'ils ont les qualités requises, et feront remettre au Sous-intendant chargé de la police du corps, l'état nominatif des hommes compris dans leur travail qui, ainsi que celui de la libération, ne peut être consommé qu'à la fin de l'année.

MM. les Maréchaux-de-camp prépareront, autant qu'il est en eux, ce travail, qui devra être arrêté par MM. les Lieutenans généraux lors de leur tournée; les uns et les autres ne perdront pas de vue que l'intention de Sa Majesté est sur-tout que les rengagemens soient favorisés dans les corps spéciaux, et pour les hommes qui desirent passer dans la Garde royale, et qui méritent d'y être admis.

C'est dans ce but que les hommes ont été autorisés à contracter des rengagemens pour la Garde royale, dans l'année antérieure à celle où ils ont droit à la libération, et à rejoindre de suite les corps de cette Garde où ils auraient été reconnus susceptibles de servir *(Art. 38 et 42 de l'instruction).* Toutefois MM. les Sous-intendans militaires devant lesquels se contracteront les rengagemens, auront à exiger, pour les hommes qui demanderaient à servir dans les corps de la Garde royale désignés dans la note ci-dessous (1), le certificat du Conseil d'administration du corps, indiqué par la circulaire du 12 janvier 1819, et portant que l'effectif permet de recevoir les hommes.

Le Lieutenant général inspecteur général consignera ses observations, à cet égard, dans son rapport au Ministre, et lui fera connaître par l'état *modèle n.° 5* du livret, le nombre d'hommes qui auraient déclaré, pendant son inspection, être dans l'intention de contracter des rengagemens, et qui auraient été compris en conséquence sur l'état remis au Sous-intendant.

CHAPITRE V.

Objets relatifs aux jeunes Soldats non incorporés.

ART. 27.

Les Lieutenans généraux et Maréchaux-de-camp inspecteurs d'infanterie, qui, dans leurs tournées, inspecteront les dépôts que chaque légion doit avoir au chef-lieu du département, se feront représenter le registre-matricule n.° 2, où sont inscrits les jeunes soldats avant qu'on leur ait assigné le corps dans lequel ils doivent servir.

Ils examineront si ces registres sont tenus avec régularité, conformément à la deuxième partie de l'instruction sur les appels (21 octobre 1818), si les mutations des jeunes soldats parviennent exactement, et sont soigneusement inscrites, et si l'on indique clairement tous les changemens qui s'opèrent, soit par l'inscription des hommes

(1) Les corps de la Garde royale pour lesquels il ne doit pas être reçu aujourd'hui de rengagemens sans certificats du Conseil d'administration, sont ceux de cavalerie légère et d'artillerie, auxquels il faut ajouter les 1.er et 3.e régimens d'infanterie.

au registre-matricule n.° 1 de la légion départementale, soit par leur envoi à d'autres corps, au moyen de lettres de passe.

ART. 28.

Ils vérifieront si les Majors ou Officiers chargés de la tenue des registres-matricules n.° 2, adressent exactement au Ministre les comptes demandés par les articles 225, 226, 227 et 228 de l'instruction ci-dessus citée.

ART. 29.

Les Lieutenans généraux, ou, à leur défaut, les Maréchaux-de-camp inspecteurs, seront chargés de signer les congés définitifs de réforme pour les hommes qui, devenus infirmes après les décisions prises sur leur compte par les Conseils de révision, auraient été, lors de la mise en activité, reconnus, par les mêmes Conseils, impropres au service, et qui auraient, en conséquence, reçu du Sous-intendant un certificat provisoire de réforme. *(2.e partie de l'instruction sur les appels, art. 72.)*

L'état de ces hommes sera dressé par le Conseil d'administration de la légion, ou par l'Officier chargé de tenir le registre-matricule n.° 2, et présenté à l'Officier général inspecteur, qui viendra inspecter le dépôt de la légion.

Le général inspecteur prescrira la radiation des hommes dont il s'agit du registre-matricule n.° 2, et leur fera délivrer un congé de réforme du même modèle que celui employé pour les autres militaires réformés.

Il enverra au Ministre un état *(modèle n.° 8)* des hommes compris dans cette classe ; et, dans le cas où, d'après les rapports qui lui seraient faits, il jugerait qu'il y a des motifs pour ne pas déférer à l'avis du Conseil de révision, il en rendra compte au Ministre, qui prononcera définitivement.

Il ne signera point les congés des hommes dont la réforme se trouvera suspendue par le rapport qu'il aura fait au Ministre.

Les congés seront remis, par l'Officier général inspecteur, au Sous-intendant militaire du département, sur un bordereau dont une expédition sera signée par le Sous-intendant pour récépissé, et restera dans les archives du dépôt de la légion. Les Sous-intendans seront chargés de faire remettre ces congés, conformément aux instructions qui leur seront données à cet égard.

Art. 30.

Le Lieutenant général inspecteur général comprendra dans son rapport ses observations relatives aux objets contenus dans le présent chapitre.

Il y fera spécialement connaître son opinion sur la manière dont le Major et l'Officier chargé, sous sa surveillance, de tout ce qui concerne la tenue du registre-matricule n.° 2 et les comptes qui y sont relatifs, remplissent les fonctions qui leur sont confiées. Si le Major n'est pas au dépôt, il s'assurera que du moins on y laisse toujours un Officier intelligent chargé de la tenue de ce registre et de ces comptes.

CHAPITRE VI.

De l'Effectif des corps.

ART. 31.

Afin de mettre le Ministre à portée de connaître exactement la situation des corps et les diverses causes de gains et de pertes, les Maréchaux-de-camp inspecteurs feront préparer par les Conseils d'administration, un état semblable au *modèle n.° 6*, faisant connaître l'effectif au 1.er janvier 1819, les gains et les pertes arrivés depuis, et le nombre d'hommes qui, d'après la balance de ces gains et pertes, se trouvera exister au 1.er octobre; ils vérifieront cet état par tous les moyens qui sont en leur pouvoir, et notamment par la comparaison avec les contrôles et feuilles d'appel.

Les Lieutenans généraux inspecteurs généraux se feront remettre cet état, et, après l'avoir vérifié, rempliront l'état *modèle n.° 6* du livret.

ART. 32.

Ledit état devant être arrêté, pour tous les corps de l'armée, au 1.er octobre prochain, les Inspecteurs généraux préviendront les Conseils d'administration, de manière que ceux qui auraient été inspectés avant cette époque, leur fassent parvenir cet état, et que ceux qui devraient être inspectés plus tard, en arrêtent d'avance, au 1.er octobre, tous les élémens.

ART. 33.

Les Lieutenans généraux inspecteurs généraux consigneront dans leur rapport au Ministre, leurs observations sur les causes qui donnent lieu à la différence de l'effectif avec le complet fixé par la circulaire du 20 avril dernier, et sur l'importance qu'il y aurait à atteindre ce complet ou même à l'augmenter, si quelques circonstances spéciales en démontraient l'avantage.

Le Ministre Secrétaire d'état au département de la guerre,

Signé GOUVION SAINT-CYR.

Pour ampliation :

L'Intendant militaire, Maître des Requêtes, Secrétaire général du Ministère de la guerre,

CASSAING.

www.ingramcontent.com/pod-product-compliance
Ingram Content Group UK Ltd.
Pitfield, Milton Keynes, MK11 3LW, UK
UKHW020518180726
13839UKWH00005B/2165